Nací en Cuba, en Camagüey,
en una casona vieja
en la que había nacido mi madre.
Allí vivía también mi abuela,
que era estupenda.
¡Contaba unos cuentos! Y, además,
¡le encantaba hacer travesuras...!
Nunca más he conocido abuela igual.
A mí siempre me ha fascinado leer
y me mortificaba que en la escuela
no leyéramos libros tan bonitos
como los que tenía en casa.
Creo que desde entonces he querido
escribir libros divertidos,
sólo que, entre tanto, he tenido
que hacer muchas otras cosas:
criar cuatro hijos, enseñar
en escuelas y en la Universidad
y dar conferencias.
Me encanta contar cuentos
y que Suni Paz le ponga música
a mis poemas,
para que se puedan cantar.

ALMA FLOR ADA.

Nací en Valencia en 1939.
Mis padres eran pintores,
unas personas maravillosas que me
enseñaron a mirar, imaginar y amar
todo lo que me rodea.
Los lápices y los pinceles,
los papeles y los libros fueron
mis primeros y casi únicos juguetes.
Estudié Bellas Artes y he hecho
muchas exposiciones de pintura.
Mis marionetas han actuado
en muchos teatros.
Me casé también con un pintor
y tuve dos hijas.
Seguí haciendo cuentos
y marionetas que ellas eran
las primeras en disfrutar.
Me gusta mi trabajo de ilustradora
porque me permite comunicar
a los niños mi pasión por el arte.

VIVI ESCRIVÁ.

álbum espasa

Primera edición: noviembre, 2003

Espasa, en su deseo de mejorar sus publicaciones, agradecerá cualquier sugerencia
que los lectores hagan al departamento editorial por correo electrónico: sugeren-
cias@espasa.es

Depósito legal: M. 28.440-2003
ISBN: 84-670-1241-2

Impreso en España/Printed in Spain
Impresión: Unigraf, S. L.

Editorial Espasa Calpe, S. A.
Complejo Ática – Edificio 4, Vía de las Dos Castillas, 33
28224 Pozuelo de Alarcón, Madrid

Alma Flor Ada

CORAL
Y
ESPUMA

ABECEDARIO DEL MAR

Ilustraciones de Vivi Escrivá

ESPASA

Para Rosalma,
agradecida por cada día de tu existir

Índice

La A

Arena

¡Qué blanca la arena,
qué suave al pisar!
¡Qué blanca, qué suave,
la arena del mar!

La B

Ballenato

¿Cómo es que siendo un bebé,
ballenato,
eres más grande
que tantos peces viejos del mar?

La C

Caracol
Caracol, caracol,
en la arena,
bajo el sol.
Bajo el sol,
sobre la ola,
caracol a toda hora.
A toda hora, caracol,
nacarado
bajo el sol.
Bajo el sol,
bajo la luna,
caracol hecho de espuma.

La D

Delfín
Ni sirena ni ballena
el primo del manatí
saltando sobre las olas,
salta y salta para ti.

Y mientras viaja saltando,
el elegante delfín
recorre el mar salto a salto,
el mar azul y sin fin.

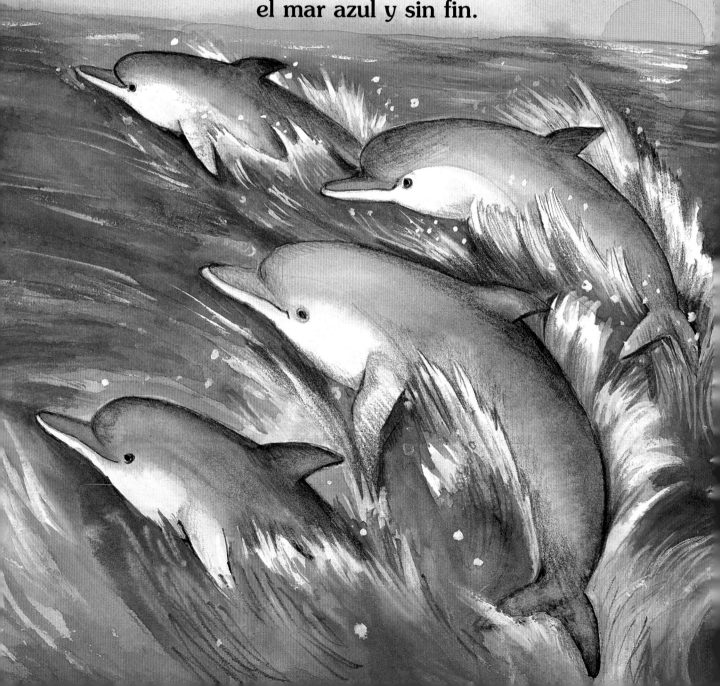

La E

Estrella de mar
Estrella de mar,
¿es verdad que te caíste
del cielo?
¿Es tu abuela la luna?
¿Es tu padre el lucero?
¿Regresarás
si te baja a buscar un cometa?
¿O sólo si te llama tu mamá?

La F

Faro

En el faro, el farero,
prende el farol
porque en la noche oscura
no brilla el sol.
En la brava tormenta
la gran farola
alumbra el mar oscuro
brillando sola.
Sin luna, sin estrellas,
sobre las olas
agradecen los barcos
ver las farolas
que se apagan, se encienden,
para avisar
que hay rocas peligrosas
a la orilla del mar.

La G

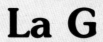

Gaviota
Gaviota que vuelas,
que vienes y vas,
pescando y pescando,
¿no paras jamás?

¿Es que son muy pequeños
los pececitos
o es que te espera un nido
de gaviotitos?

La H

Horizonte

Si llego al horizonte,
llegar, llegar,
dejaré a mi velero,
volar, volar,
olvidando las olas,
espuma, espuma,
iremos cielo arriba,
¡hasta la luna!

La I

Isla
Isla de montes y espuma
isla de sol y de flor
isla de risa y sonrisa
isla niña, amiga isla
esperándome en el mar.

La J

Jaiba
La jaiba y el cangrejo
se fueron a pasear.
El cangrejo pesado
empieza a criticar.
—Camina derecho
—critica el cangrejo.
—No vayas de lado,
muévete parejo,
quien no anda derecho
nunca llega a viejo.
La jaiba responde
sin asustarse:
—A, E, I, O, U,
camino tan derecho
como tú.

La K

Kiosco de limonada
Frescor de la limonada
en la tórrida mañana
líquidos rayos de sol,
ácida, dulce y helada.

La L

Luna
Luna lunera,
gran marinera.
Luna lunita
en mi barquita
con la sirena
y la ballena.
Luna lunota
redondotota.

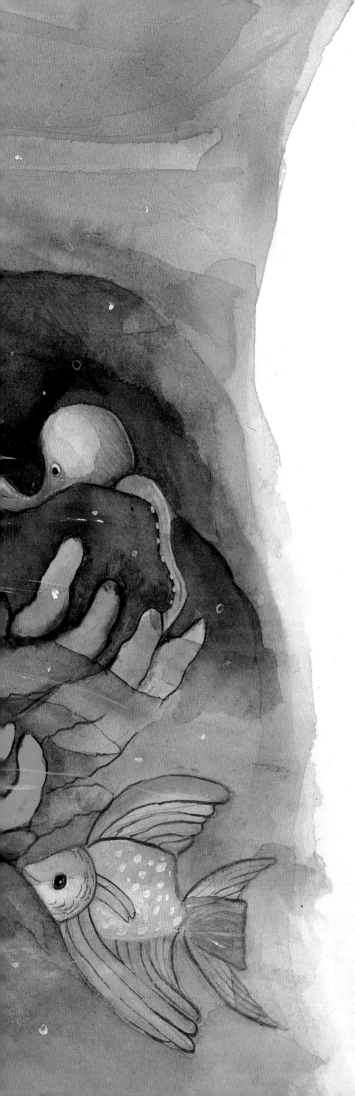

La M

En el fondo del mar
Jinete en tu caballo
—caballito de mar—
pasearé por tu reino,
princesita del mar.

Invítame al castillo
de coral encendido
en tu reino de azul,
tu palacio perdido.

Juguemos a escondidas
con calamares,
recorramos en pulpo
muchos lugares.

Las cuevas misteriosas,
hondos abismos,
mil paisajes marinos,
nunca los mismos.

Volará tu caballo
sobre el fondo de arena
cuando vaya a tu reino,
princesita sirena.

Y cuando nos cansemos
de tanto recorrido,
en tu hamaca de algas
¡me quedaré dormido!

La N

Nubes
Blanco sobre azul
las nubes del cielo,
blanco sobre azul
las olas del mar.

Cielo, padre;
nubes, hijas;
olas, hijas;
padre, mar.

Cielo y mar azul,
hermanos;
nubes y olas,
buenas primas
que se quieren abrazar.

La Ñ

Niños y niñas
En la arena, castillos;
en la playa, jugar;
en las rocas, cangrejos;
en las olas, nadar.
¡Qué alegría los niños
y niñas en el mar!

La O

Olas
¿Crees que el mar
es azul?
Piénsalo otra vez,
cuando la ola rompe,
¿de qué color es?

La P

Pulpo

Ocho brazos tiene el pulpo.
Ocho quiero tener yo.

Un brazo hace la tarea
y otro puede dibujar.
Uno sostiene un helado
sin dejarlo derramar.
Y con los cinco restantes
¡cuánto podré yo abrazar!

Un brazo abraza a mi padre;
el otro, abraza a mamá.
Y a mi abuelita querida
un abrazo de tres brazos
le voy a dar.

La Q

Querer

La brisa en el cocotero
quiere bañarse en el mar;
pero el coco no la deja
alejarse del cocal.
La brisa suspira y ruega,
¡quiere bañarse en el mar!
Para convencerla, el coco,
la invita a bailar, bailar.
El cocotero se duerme
agotado de danzar,
la brisa callada baja
a revolcarse en el mar.
Viste de espuma a las olas.
Viene y viene. Viene y va.
Bajo la luna serena
juegan la brisa y el mar.

La R

Red

Se pone el sol en las rocas
y el pescador, con su red,
espera pacientemente
que venga el pez.

Se ha abierto sobre las rocas
como abanico, la red.
Y ahora brillando en su cárcel
parece lucero, el pez.

La S

Sol
Sobre el mar, sobre la arena,
sol de playa, sol.
Sobre laderas y ríos,
sol de monte, sol.

Sol de monte, sol de playa,
sol de desierto y ciudad,
enemigo de la sombra,
amigo de la verdad.

La T

Tritón
A lomos de un delfín
te he venido a buscar,
no te escondas, Tritón,
en el fondo del mar.

Quiero ver tu palacio,
conocer a Neptuno,
me parece un rey bueno
como ninguno.

Dime si las sirenas
van a la escuela
y quién es la maestra
y si es muy buena.

Cuéntame si hay un parque
bajo las olas
y si las sirenitas
pueden ir solas.

La U

Uva de caleta
Sol fiero del mediodía,
dorada arena quemante,
grácil abanico verde
de tu sombra refrescante.

Escondite acogedor
de mi niñez caribeña;
tus racimos en la playa
siempre sorpresa risueña.

La V

Velero

Velero de blancas alas
vuela, vuela sobre el mar.
Mientras más lejos navego
más quisiera navegar.
Tu vela en el horizonte
como gaviota en el mar
mientras más y más se acerca
más veloz parece andar.
Velero de blancas alas
llévame lejos de aquí,
encuéntrame una isla sola
sola toda para mí.

La W

Wonderland
Los idiomas distintos parecen cantos,
hay fragancias de lejanas orillas,
los nombres de los barcos
nos invitan a imaginar mil maravillas.

¿Navegará Pinocho en SERENISSIMO?
¿Vendrá el Gato con Botas en BONJUR?
¿Si pudiéramos viajar en WONDERLAND
encontraríamos a Alicia en la cueva del conejo?

La X

Golfo de México
Playas serenas del golfo,
Cancún, Tulum,
de cenotes y pirámides,
Tulum, Cancún,
arenas cual polvo, finas,
Cancún, Tulum,
aguas, cual alegría, claras,
Tulum, Cancún.

La Y

Yate
Yate de alas blancas
en el horizonte,
tu mástil fue árbol,
¿extrañará el monte?

¿Qué lejanas costas
piensas visitar?
Yate de alas blancas
volando en el mar.

La Z

Zapatilla de coral
—Mira esta zapatilla...
—¡Es de coral!
—¿Qué Cenicienta vive
en el medio del mar?
—¿Será de una sirena?
—Será, será...
—¿La ha perdido bailando?
—Quizá, quizá...
—No puede ser sirena,
piénsalo bien,
porque las sirenitas
¡no tienen pies!